Voy contigo

Lectura
Scott Foresman

¡Qué bien la pasamos!

Míralo de cerca

Juntos aprendemos

¡Me gusta!

Voy contigo

¡Qué sorpresa!

PEARSON

Scott
Foresman

Conozcamos a la ilustradora de la portada
Maryjane Begin y su familia viven en Providence, Rhode Island, donde enseña a estudiantes universitarios y se dedica al arte. Muchas de sus ilustraciones, incluso las de lugares imaginarios, reflejan cosas de Providence.

ISBN: 0-328-26783-X

2 3 4 5 6 7 8 9 10 V063 15 14 13 12 11 10 09 08 07

Voy contigo
Lectura
Scott Foresman

Autores del programa

George M. Blanco

Ileana Casanova

Jim Cummins

George A. González

Elena Izquierdo

Bertha Pérez

Flora Rodríguez-Brown

Graciela P. Rosenberg

Howard L. Smith

Carmen Tafolla

Oficinas editoriales: Glenview, Illinois • Parsippany, Nueva Jersey
Nueva York, Nueva York
Oficinas de ventas: Boston, Massachusetts • Duluth, Georgia • Glenview, Illinois
Coppell, Texas • Sacramento, California • Mesa, Arizona

Voy contigo

Ana Martín Larrañaga
Fred, el pez

LOS PIRATAS

sm

Yendo y viniendo
se va viviendo.

Voy contigo

¿Adónde vamos?

¿Cómo crecemos?

El brillante día de Nayeli

por Diane Hoyt-Goldsmith

fotos por
Lawrence Migdale

Su nombre es
Nayeli López.

Nayeli lee un libro con su gato.
Cuida y alimenta a su gatito.

Nayeli va a la escuela como
otros niños.

Sólo que a veces necesita ayuda.

Nayeli no oye bien los sonidos.

Nayeli no puede oír muy bien
las cosas que le dicen.

Nayeli sabe decir cosas con las manos.

Por medio de señas, dice palabras.

Un día, Nayeli se encontró con
su mamá después de clases. Como
siempre, la saludó con un abrazo.
Tenían algo que hacer.

—Vamos a pie —dijo su mamá.

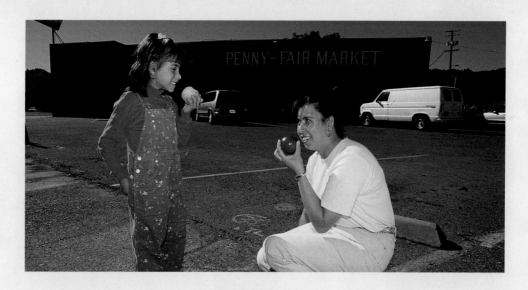

—Te voy a comprar una fruta
—dijo su mamá.

Nayeli escogió un durazno y su
mamá, una brillante manzana.

Después Nayeli y su mamá vieron
a unos amigos jugar al fútbol.
—¡Bravo! ¡Bravo! —les dijeron.

Nayeli vio un perrito y empezó
a jugar con él.

—No —dijo su mamá con
señas—. Vamos.

Nayeli caminó más rápido.

No quería llegar tarde.

—Ya llegamos —dijo su mamá.

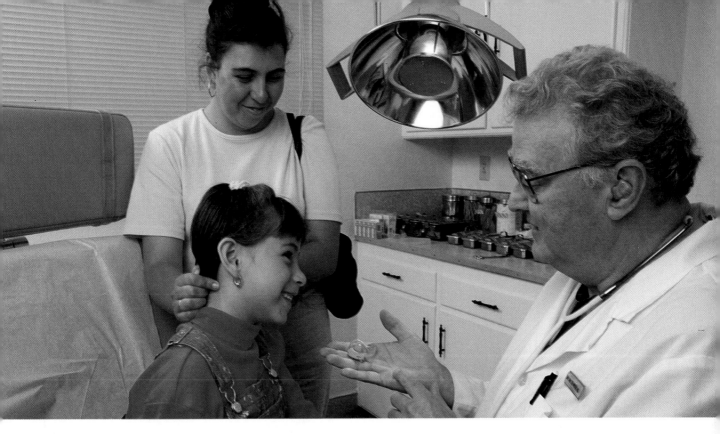

—Nayeli, aquí tienes este aparato que te va a ayudar —le dijo el doctor.

Ahora, Nayeli podía oír mejor las palabras del doctor.

—Gracias —le dijo Nayeli con señas al doctor.

Arturo

y la carrera de lectura

por Marc Brown

Arturo aprendió a leer en la escuela.

¡Ahora Arturo lee en todas partes!
Lee en el carro.

Lee en la cama.

Le lee
a su perrito, Pal.

Hasta le lee a su
hermanita, D.W.

Un día Arturo dijo:

—Yo puedo enseñarte a leer a TI también.

—Yo ya sé leer —dijo D.W.

—¡No es cierto! —dijo Arturo.

—¡A que sí! —dijo D.W.

—A que no puedes —dijo Arturo—.
Si lees diez palabras te compro
un helado.

D.W. le dio la mano a Arturo.
—Trato hecho —dijo—. ¡Vamos!

Se fueron corriendo al parque.
Arturo señaló un letrero con el dedo.
—¿Qué dice allí? —preguntó.

—Zoológico —dijo D.W.—.
Eso es pan comido.

—Veo tres palabras —dijo Arturo.

—Yo también —dijo D.W.—.
Taxi, gasolina, leche.

Arturo se bajó de la acera.

—¡Cuidado! —dijo D.W.—.
Dice Alto. Un carro
podría atropellarte.

—Muy bien,
listilla, ¿me puedes
decir qué dice allí?
—preguntó Arturo.

—Policía —dijo D.W.—.
Y allí dice "No pisar". Así
que quítate o te llevará
la policía.

—Banco —dijo D.W.—.
Yo tengo mi propio banco.
Es mi alcancía.

—Allí escondo mi dinero
para que no lo encuentres.
Con banco llevo nueve palabras.

—Ya casi llegamos
a casa —dijo Arturo—.
¡Qué lástima! Sólo leíste
nueve palabras. Hoy no
hay helado para ti.

—¡Un momento! —dijo D.W.—.
Veo… Helados. ¡Bravo! Leí diez
palabras. ¡A comer helado!

tostaditas

cordones

sube y baja

ricitos

ranitas

cascaritas

D.W. y Arturo corrieron
hacia la heladería. Arturo
compró dos conos grandes.

Uno de fresa para D.W.
y uno de chocolate para él.
—Mmmm —dijo D.W.

Arturo se sentó.

—Siéntate conmigo —dijo
Arturo— y te leeré mi libro.

—No —dijo D.W.—.
Yo te leeré a TI el libro.

Arturo dijo que no
moviendo la cabeza.
—No lo creo —dijo—.
Hay muchas palabras
que no conoces.

D.W. se rió.
—Levántate, Arturo.

—Soy yo quien voy a enseñarte
dos palabras que tú no conoces
—dijo D.W.—:
¡PINTURA FRESCA!

Conozcamos al autor e ilustrador

Marc Brown

¡Arturo es un cerdo hormiguero muy famoso! Arturo apareció por primera vez hace años. El hijo de Marc Brown quería que su papá le contara un cuento antes de acostarse. El señor Brown le contó un cuento sobre un cerdo hormiguero. Hoy día hay más de treinta libros sobre Arturo y D.W.

Hablemos

Busca en los dibujos las palabras que D.W. leyó. ¿Qué otras palabras ves?

Veo veo

1. Di: "Veo, veo una palabra".

2. Da pistas sobre la palabra.

3. Pide a un amigo o amiga que adivine la palabra.

Veo, veo una palabra. Es algo rojo y jugoso.

manzana abeja maíz

¡Es el mejor!

Un **adjetivo** es una palabra que describe.

Da más detalles sobre una persona, animal, lugar o cosa.

Mi programa **favorito** es sobre Arturo.

Arturo tiene una hermana **pequeña**.

Ellos viven en una ciudad **bonita**.

Habla

Describe tu programa de televisión favorito. Usa adjetivos.

Escribe

Escribe sobre una película o un programa de televisión. ¿Cómo es?

43

Flores para abuela y Trini

por **Vivian Cuesta**

ilustrado por **Héctor Viveros Lee**

Hoy es un día especial. Trini va
a visitar a su abuela. Hace un año que
ella llegó a la ciudad desde su país.

—Buenos días, abuela —dice Trini—.
¡Feliz aniversario! Mira lo que te traje.

Abuela le da un abrazo tremendo
a Trini. Pero Trini nota que abuela está
un poco triste.

—¿Por qué estás triste, abuela?
—pregunta Trini.

—Hace frío aquí —dice abuela—.
Y el frío secó las flores de mis
jardines. En mi país hay flores todo
el año.

—Vamos al centro —dice Trini—.
Allí podemos comprar flores.

Trini y abuela caminan a la estación
de trenes para ir al centro. Desde el tren
ven flores en las casas.

En los balcones ven macetas con
flores azules y rosadas. En la vitrina
de la floristería Los Tréboles ven
flores de muchos colores.

Trini y abuela compran flores
de muchos colores. Regresan a casa
y hacen unos arreglos florales.

—Las flores están lindas y no
fue mucho trabajo —dice abuela—.
¡Gracias, Trini!

50

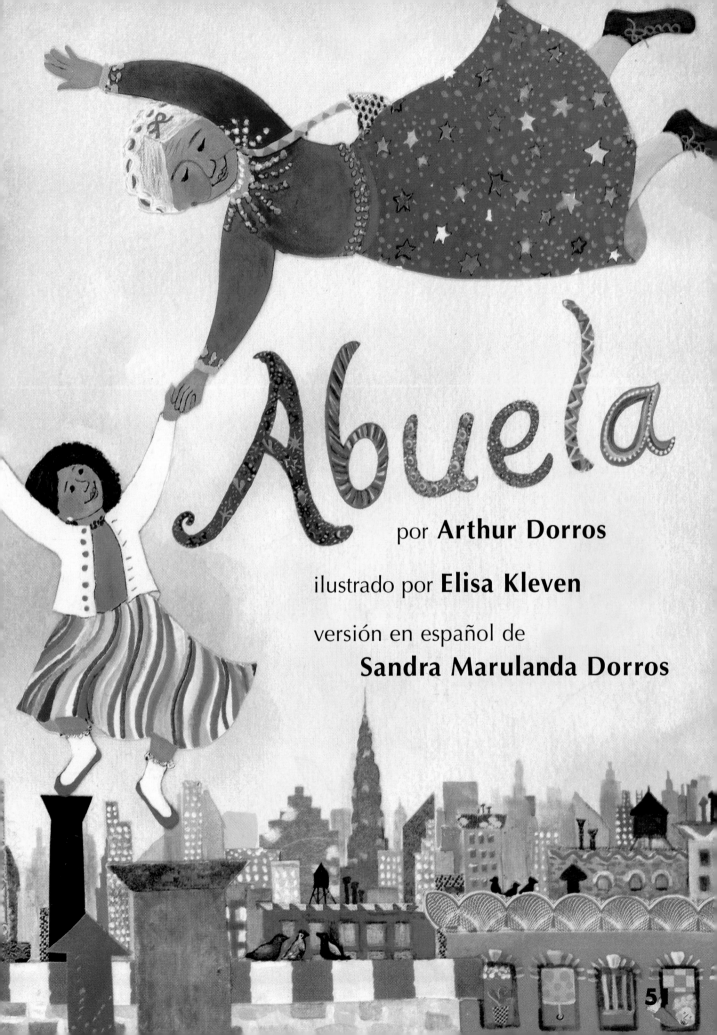

Abuela

por **Arthur Dorros**

ilustrado por **Elisa Kleven**

versión en español de
Sandra Marulanda Dorros

Mi abuela me lleva en el autobús
a recorrer toda la ciudad.
Abuela es la madre de mi mamá.
En inglés "abuela" se dice *grandma*.

Ella habla español porque es la lengua
del lugar donde se crió antes
de venir a este país.
Mi abuela y yo siempre visitamos
diferentes lugares.

Hoy vamos a ir al parque.

—El parque es lindo —dice mi abuela.

Yo sé por qué lo dice.

Yo también creo que el parque es hermoso,
beautiful.

So many birds.
—Tantos pájaros —dice mi abuela
mientras una bandada nos rodea.
Los pájaros recogen el pan que
les hemos traído.

¿Y qué tal si los pájaros me alzaran
y me llevaran volando
por encima del parque?
¿Qué pasaría si yo volara?
Mi abuela se preguntaría dónde estoy y,
bajando en picada como un pájaro,
yo la saludaría.

Entonces ella me vería volar.

—Rosalba, el pájaro —me diría.
Rosalba, the bird.

—Ven, Abuela. *Come,* Abuela —la invitaría.

—Sí, quiero volar —respondería ella
mientras saltaba hacia las nubes,
con la falda ondeando al viento.

Volaríamos por toda la ciudad.

—¡Mira! —señalaría mi abuela con el dedo.

Y yo observaría todo al elevarnos
sobre parques y calles, perros y gente.

Saludaríamos a las personas
que esperan el autobús.
—Buenos días —les diríamos.
—Buenos días. *Good morning*
—nos responderían.
Volaríamos sobre fábricas y trenes...

y descenderíamos cerca del mar
hasta casi tocar
las crestas de las olas.

Su falda sería una vela
y Abuela competiría con los veleros.
Apuesto a que ella ganaría.

Llegaríamos a los muelles y veríamos
a la gente que descarga frutas
de esa tierra donde mi abuela se
crió. *Mangos, bananas, papayas:*
son palabras que también se usan
en inglés, al igual que *rodeo,
patio* y *burro.*

A lo mejor veríamos a un primo
de mi abuela mientras engancha
las cajas de fruta a una grúa.
Una vez vimos a su primo Daniel
cargar y descargar los barcos.

Más allá de los barcos del puerto
veríamos la Estatua de la Libertad.
—Me gusta —diría mi abuela.
A mí me gusta también.
Daríamos vueltas alrededor
de "la Libertad" y saludaríamos
a los visitantes.
Mi abuela recordaría el momento
en que ella llegó a este país.

—Vamos al aeropuerto —diría ella,
y allá me llevaría, adonde
aterrizó el avión que la trajo
por primera vez.
—¡Con cuidado! —me advertiría Abuela.
Y nos agarraríamos del avión
para dar un paseíto.

Después volaríamos a la tienda
del tío Pablo y de la tía Elisa.
Él es mi tío, *my uncle*,
y ella es mi tía, *my aunt*.
Se sorprenderían al vernos entrar volando,
pero luego nos ofrecerían una limonada
refrescante.
Volar nos da mucho calor.
—Pero quiero volar más —diría Abuela.
Ella y yo queremos seguir volando.

Podríamos volar a las nubes, *the clouds*.
Una parece un gato, *a cat*,
Otra parece un oso, *a bear*.
y ésta parece una silla, *a chair*.
—Descansemos un momento —diría
mi abuela.
Nos sentaríamos en la silla de nubes
y ella me tomaría en sus brazos.
Todo el cielo es
nuestra casa, *our house*.

Estaríamos tan alto como los aviones,
los globos y las aves,
mucho más arriba que los edificios del centro.
Pero hasta allí volaríamos
para echar un vistazo.

Podríamos encontrar el edificio
donde trabaja mi papá.

—Hola, Papá —*Hi, Dad*, le diría yo
saludándolo, y Abuela daría una voltereta
al pasar por las ventanas.

—¡Mira! —le oigo decir a mi abuela.
Look, me está diciendo.

Y cuando miro,
ya estamos de regreso en el parque.

Ahora caminamos por el lago.
Abuela quiere tal vez remar en un bote.
—Vamos a otra aventura —me dice.
Let's go on another adventure.
Ésa es una de las cosas que me encantan
de mi abuela: le fascinan las aventuras.

Abuela me toma de la mano.

—¡Vamos! —me invita.

Conozcamos al autor y a la ilustradora

Arthur Dorros

Arthur Dorros vivió en la ciudad de los rascacielos, Nueva York. Su abuelo le enviaba cartas con dibujos de pájaros. El señor Dorros soñaba con volar tan alto como los pájaros.

Elisa Kleven

Elisa Kleven siempre quiso volar. Al dibujar a Rosalba y Abuela volando se sintió como si ella misma volara. Su hijita de siete años, su perro y su gato son los modelos para sus personajes.

Mapa del parque

Éste es un mapa de un parque parecido al que Rosalba y su abuela visitaron. El mapa muestra los diferentes lugares y atracciones del parque.

rosales

sendero para bicicletas

piscina

merendero

puesto de helados

pista de patinaje

columpios

Hablemos

¿Adónde fueron Rosalba y su abuela
al final del cuento?

¿Qué te gustaría hacer en este parque?

lago

función de títeres

alquiler de botes

fuente

baños

teléfonos

campo de juego

Hablemos

¿A qué lugar del cuento te gustaría ir? ¿Por qué?

Inventa más aventuras

¿Qué podría pasar cuando Rosalba y la abuela suban al bote? ¿Qué aventuras podrían tener?

1. Dibuja una aventura que ellas podrían tener.
2. Escribe una oración sobre la aventura.
3. Cuenta la aventura a tus compañeros.

¿Cómo son?

Algunos adjetivos describen el color o la forma de las personas, animales, lugares o cosas.

La niña tiene una falda **roja.**

La pelota es **redonda.**

Habla

Mira el dibujo. Escoge una persona, animal o cosa. Usa adjetivos para describir cómo es.

Escribe

Escoge un lugar de tu pueblo o ciudad. Escribe oraciones sobre el color y la forma de las cosas que hay en ese lugar.

La princesa y las peras con crema

por Carlos Ulloa
ilustrado por Yayo

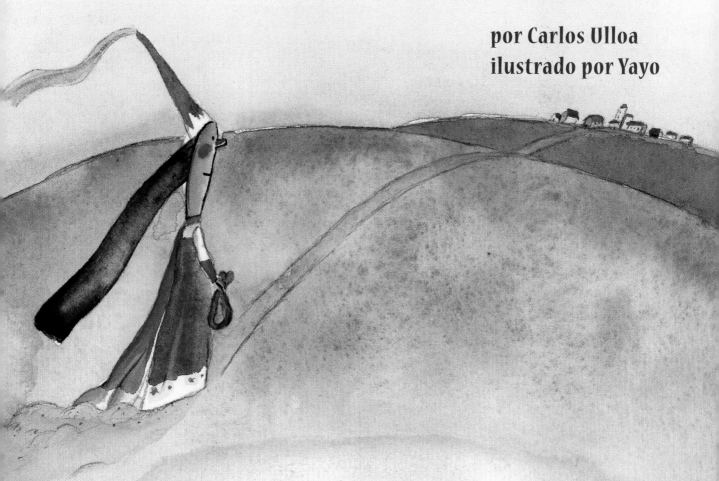

Un día de primavera, la princesa
salió y compró semillas de pera. Quería
sembrar las semillas para tener árboles.

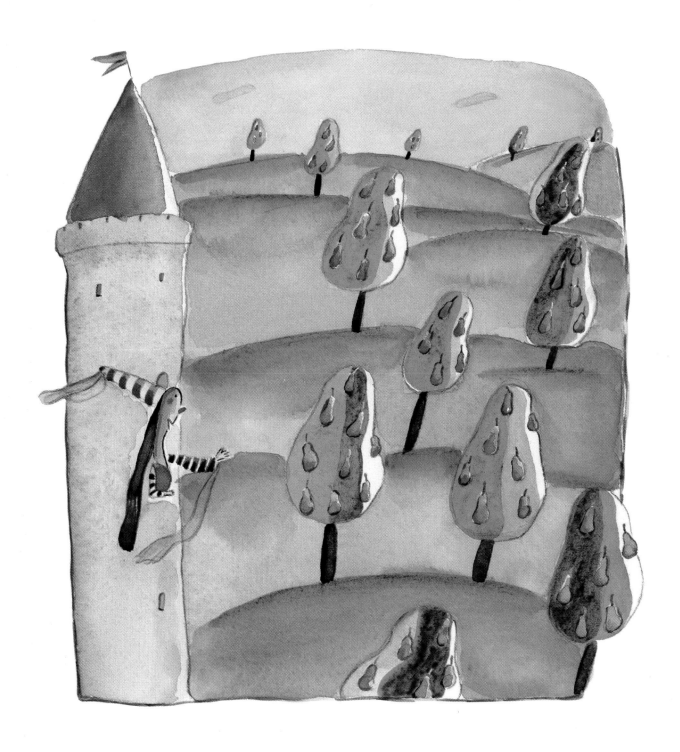

Primero, la princesa creyó que no
crecía nada. Pero después de unos años,
los árboles crecieron y crecieron. Había
muchos árboles de peras.

Al ver crecer los árboles con tantas
peras, la princesa decidió escribir una
propuesta. Subió a su torre preferida
y leyó su propuesta.

La princesa dijo: —Yo, como su princesa, les propongo un festival de la pera en mi huerto. Para asistir a este festival tendrán que ayudar a recoger las peras.

Muy pronto los primos preferidos de
la princesa llegaron con sus vacas y sus
canastas de cristal.

—¿Por qué trajeron las vacas? —les
preguntó la princesa.

—¡Para hacer crema! —dijeron los primos.
Desde entonces, cada año la princesa y sus primos tienen un gran festival de peras con crema. Las comen en platos de cristal.

El huerto

por Isidro Sánchez

ilustrado por Carme Peris

Hoy empezamos las vacaciones,
en la granja de nuestros abuelos.

¡Cuántas clases y variedades

de plantas se pueden cultivar!

Para cultivar un huerto hay que
conocer y saber usar las herramientas.

El abuelo cultiva diferentes
plantas…, pero todas las
que se cultivan en un huerto
se llaman hortalizas.

La lechuga, la acelga y la coliflor
son verduras.

El rábano y la zanahoria se plantan
en hileras, si el conejo nos deja.

Las plantas del tomate se atan
en cañas. Crecen muy altas
y se llenan de tomates rojos,
que están diciendo ¡cómeme!

Las plantas de los chícharos y de los
ejotes también se sujetan con cañas.
Hay que regarlas por los surcos
para ayudarlas a crecer.

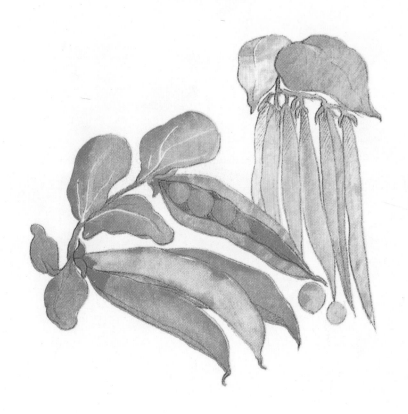

Las papas no se ven cuando están sembradas. Pero cuando se hace la recolección, aparece una riquísima papa.

En el invernadero se preparan
las semillas que se siembran en el huerto.
También se cultivan plantas delicadas.

—Hoy iremos al mercado a vender
nuestras hortalizas —dice el abuelo.

En el mercado hay otros
granjeros que venden los
productos de su huerto.

¡Son muy sabrosas y sanas las hortalizas que nuestros abuelos cultivan en su huerto!

Conozcamos al autor

Isidro Sánchez tiene un huerto en el patio de su casa en España. Le gusta comer las frutas y vegetales que cultiva. Sus sobrinos lo fueron a visitar un verano y aprendieron a cuidar el huerto. Así lo inspiraron a escribir este cuento.

Conozcamos a la ilustradora

Carme Peris Lozano nació y vive en Barcelona, España. Estudió ilustración en la escuela. Sus temas favoritos son la naturaleza y las anécdotas sobre su familia.

Huerta

por Mirta Aguirre

Doña Ensalada
para algo urgente,
toda su gente
tiene citada:

Madre Lechuga, Padre Tomate,
Pica Pimienta, Berro de Aguas,
Tío Rabanito, Don Aguacate,
Hoji Alcachofa Quítale Enaguas.

Apio de Queso, Mostaza Ardiente,
Aceite Oliva, Niña Aceituna,
Señor Salero y Comadre Fuente.

Todos citados
para algo urgente.
Todos a una.
En la cocina,
naturalmente.

Reacción del lector

Hablemos

Los niños del cuento visitan a sus abuelos. Cuenta una visita especial que hayas hecho a casa de familiares o amigos.

Huerto de la clase

Dibuja tus frutas y verduras favoritas en cartulina de colores. Recórtalas. Escribe dentro de cada una su nombre. Con tus compañeros y compañeras, pega las hortalizas en un tablero para hacer un huerto de la clase.

Me gustan las frutas

Algunos adjetivos describen el tamaño de las personas, animales, lugares o cosas.

Las fresas son frutas **pequeñas**.
La piña es **grande**.

Habla

Si pudieras sembrar frutas en el patio, ¿cuáles sembrarías? ¿De qué tamaño son esas frutas?

Escribe

Escribe sobre tres frutas que te gustan. Usa adjetivos para describir el tamaño.

Frida y Gregorio van al museo

por Carolyn Crimi

ilustrado por
Darryl Ligasan

Frida y Gregorio jugaban alegres
cuando su papá dijo:

—¡Vamos al museo! La tía Graciela
dice que hay unas pinturas nuevas.

—Me gustaría llevar a Tigre. Es un paseo agradable y él se porta bien. Pero los gatos no van a los museos —dijo Frida, frotando al gatito.

Frida y Gregorio se prepararon
para irse. Se pusieron sus chaquetas
de franela. No vieron que Tigre
se metió dentro de la mochila
de Gregorio.

Frida, Gregorio y su papá miraban las pinturas.

—Me gustaría pintar un cuadro grande y gris —dijo Frida.

Tigre miraba las pinturas que tenía enfrente. Le parecían grandísimas.

—Si yo pintara un pastel de fruta,
me daría hambre y me comería
el modelo —dijo Gregorio.

A Tigre le gustaba la pintura
del león.

Entonces Tigre vio una pintura de un perro grande y gruñón. Se asustó, saltó de la mochila y salió corriendo.

Tigre corrió sin frenar. Frida, Gregorio y su papá corrieron detrás de él. ¡Qué lío! ¡Nunca se había visto un gato en el museo!

Gregorio alcanzó a Tigre. Los cuatro estaban cansados después de correr.

—No sé qué hacías dentro de la mochila —le dijo Gregorio a Tigre—. Este lío no es nada gracioso. ¡Pero creo que te divertiste mucho!

Fred, el pez

por Ana Martín Larrañaga

Fred era feliz en su pecera.
Estaba en el centro del salón
y se pasaba el día viendo la tele.
¡Le encantaba el fútbol!

Pero un día pusieron un documental
en el que salían peces que saltaban
y jugaban.

Así se dio cuenta de que él
no tenía con quién jugar.

Desde entonces dejó de mirar la tele
y empezó a mirar por la ventana.
¡Todo era tan bonito fuera!

Una mañana vio un gran globo que
pasaba volando y tuvo una idea genial.

Se asomó a la superficie del agua
y aspiró aire, mucho aire, más y más
hasta que empezó a flotar.

Entonces cerró bien la boca
y salió volando del agua
moviendo las aletas.
Tomó rumbo hacia
una ventana abierta y…
¡Por fin era libre!

"Creo que estoy soñando",
pensó un pájaro al verlo pasar
haciendo una voltereta,
y se volvió a dormir.

Voló por encima de un rebaño de ovejas. Alguna lo vio y pensó:

"Oveja que bala, bocado que pierde".

A lo lejos vio una vaca con su ternero.

Nunca había visto una vaca de cerca,

y fue a echar un vistazo.

—Hola, ¿eres un pez?

—preguntó el ternero al verlo.

Fred contestó que sí con un gesto
porque si abría la boca se desinflaba.

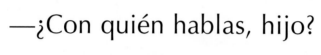

—¿Con quién hablas, hijo?
—preguntó mamá vaca.

—Con un pez que vuela, mamá.

—¡Niño, no se dicen mentiras!
—y sacudió el rabo.

Así que Fred guiñó un ojo
y se fue para no armar un lío.

El caso es que empezaba
a preocuparse porque necesitaba
agua para respirar, y decidió
subir alto.

Desde arriba vio un estanque con peces de colores y pensó que era el sitio perfecto para vivir.

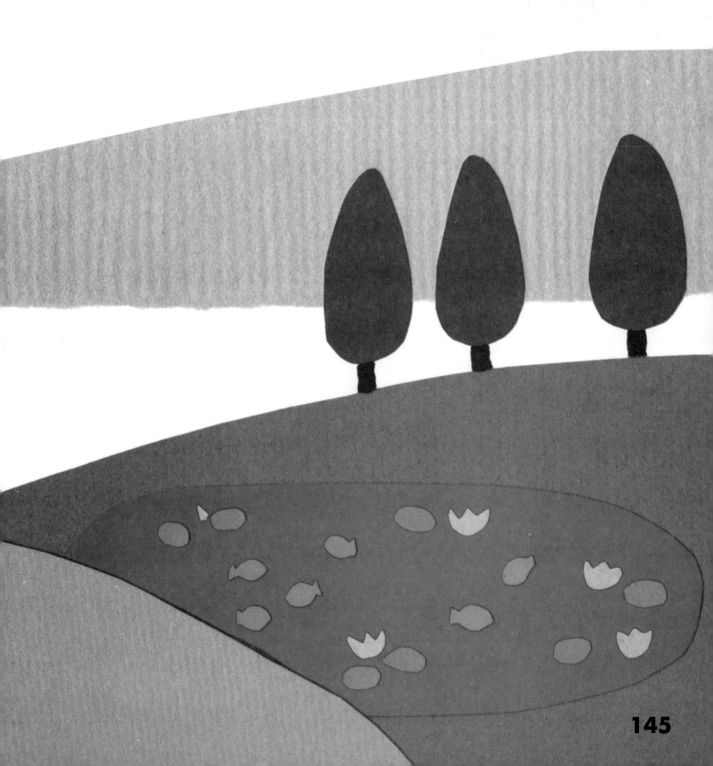

Entonces puso la cola apuntando
hacia el agua y abrió la boca.
Salió como un cohete
a reacción y ¡CHOF!
¡Menudo oleaje!

—¿Qué ha pasado? ¿Qué ha pasado?

Y allí estaba Fred un poco mareado.

—¡Vengan! —dijo uno de los peces—.
Hay un pez nuevo en el estanque.
¡Espero que sepa jugar al fútbol!

Conozcamos a la autora e ilustradora

Igual que a Fred, a **Ana Martín Larrañaga** le encanta el fútbol. A ella le gusta usar su imaginación en los cuentos que escribe e ilustra. Se divierte cuando escribe cuentos chistosos. Para ilustrar sus cuentos, usa pintura y recortes de papel de colores.

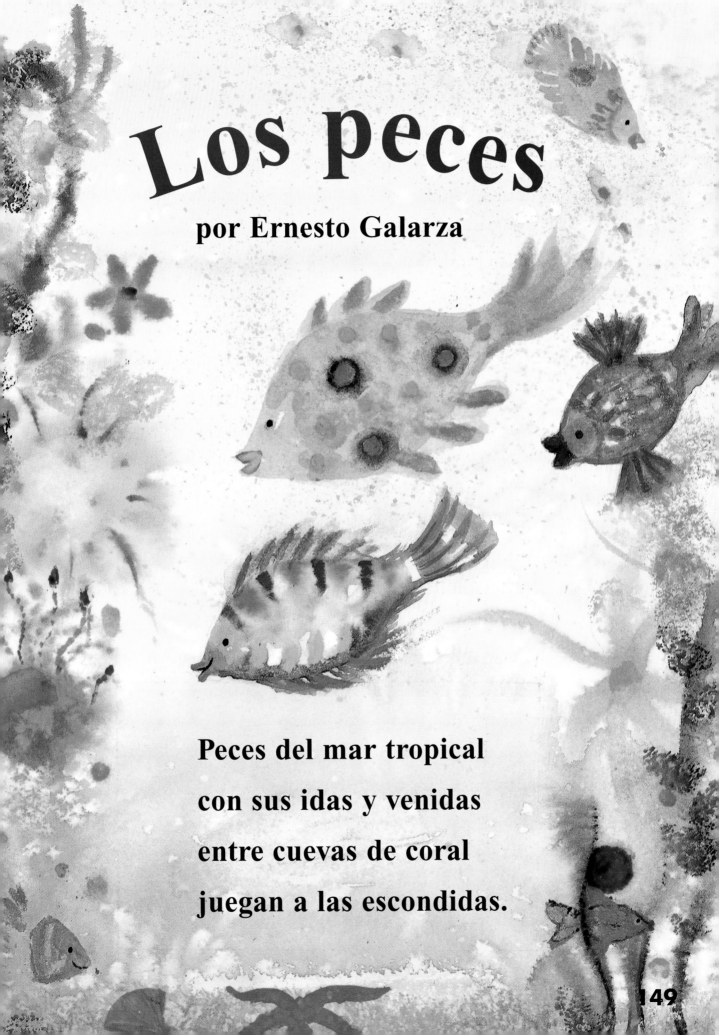

Los peces

por Ernesto Galarza

Peces del mar tropical
con sus idas y venidas
entre cuevas de coral
juegan a las escondidas.

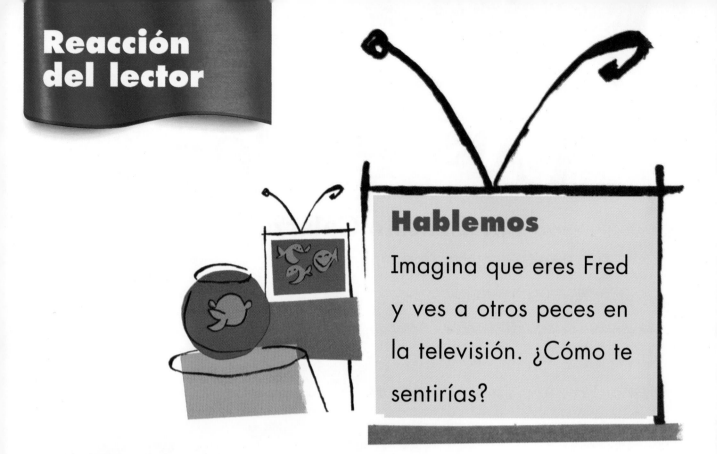

Hablemos

Imagina que eres Fred y ves a otros peces en la televisión. ¿Cómo te sentirías?

Escultura de Fred

Usa un globo para hacer una escultura de Fred cuando volaba.

1. Infla un globo redondo.

2. Pega aletas y una cola al globo.

3. Dibuja la cara de Fred con un marcador.

Fred es...

Algunos adjetivos describen las clases de personas, animales, lugares y cosas que hay. Cambian de terminación según lo que describan. Pueden ser femeninos o masculinos, y pueden describir uno o más de uno.

Los peces **contentos** están en la pecera.

La pecera es **bonita.**

Fred es el pez **nuevo** del estanque.

Habla

Describe a un familiar. Di muchos detalles acerca de la persona.

Escribe

Escribe sobre Fred y los animales del cuento. ¿Cómo son? Escribe los adjetivos correctamente.

Güirito y su madre

por G. Brian Karas

Güirito miró el cielo azul. Era una bella mañana.

—Estoy feliz de haber madrugado —dijo Güirito—. Hoy no hace frío y mi madre me llevará a comer al campo.

—Tengo que tener todo listo —dijo
Güirito, mientras empacaba toda
la comida que encontraba.

—Tengo tanta hambre que me
comería hasta un gran huevo de
cigüeña —dijo.

—¡Güirito, traes demasiada comida!
—dijo su madre—. ¡La mochila va a
pesar más que una gran piedra!

La madre sacó casi toda la comida
de la mochila y puso dos pastelitos
dentro.

Güirito y su madre encontraron un buen lugar para comer en una loma. Tenían mucha hambre y se comieron casi todo.

—Hoy es un día bello. Ayer hizo mucho frío. ¡Me sentía como un pingüino! —dijo Güirito mientras comía.

155

Güirito todavía tenía hambre y se
fue a buscar comida. No encontraba
nada que comer. Al menos encontró
agüita que beber.

—¡Ah, por fin! ¡Este bocadito se ve muy rico! —dijo Güirito, y le dio un gran mordisco.

Pero no era un bocadito rico. ¡Era el rabo de un gran animal! ¡Era un animal tan grande como un dragón! Tenía dientes de cocodrilo.

El gran animal corrió tras Güirito.
Gritaba furioso:
—¡Me mordiste, sinvergüenza!
Al verlo correr detrás de su hijo,
la madre de Güirito rugió:
—¡Aléjate de mi hijo, gran dragón!

El animal se fue corriendo asustado.
Güirito y su madre volvieron a la loma.

—Aquí tienes algo que no te morderá
—dijo la madre de Güirito, y le dio un
pastelito.

—Esto me encanta —dijo Güirito, feliz.

Crías de dinosaurio

por Lucille Recht Penner
ilustrado por Peter Barrett

Apatosaurio

¡Yac, yac! ¿Será ése el sonido
de una cría de dinosaurio
llamando a su mamá?

Nadie lo sabe.

Nadie ha oído nunca

a una cría de dinosaurio.

Nadie ha visto una tampoco.

Todos los dinosaurios murieron hace millones de años. Pero sabemos muchas cosas sobre ellos, ya que investigadores han encontrado...

huellas

dientes

huesos

Han encontrado huesos de crías de dinosaurio en nidos.

También han encontrado hasta huevos de dinosaurio.

La mayoría de los dinosaurios eran grandes.

Pero los huevos que ponían eran pequeños.

El más pequeño era del tamaño de una moneda de veinticinco centavos.

¡El más grande era del tamaño de una pelota de fútbol americano!

¿Eran buenas madres?

Las de este tipo de dinosaurio sí.

Ponían sus huevos en nidos que
ellas mismas hacían con lodo.

Las gallinas se echan sobre los
huevos que ponen.

Pero esta dinosaurio madre no,
porque pesaba demasiado.
¡Rompería los huevos!
Los cubría con hojas
para darles calor.

Maiasaura

La madre vigilaba su nido.

¡Había muchos animales que
querían comerse los huevos!
Ella los espantaba.

Las crías crecían dentro de los huevos.
Respiraban por unos agujeritos
que había en el cascarón.

Troodón

¡Un día los huevos
se rompieron!
Salieron unos
dinosaurios pequeñitos.
Tenían hambre.
Quizás también
chillaban.

La dinosaurio madre
les trajo comida.
Las crías pedigüeñas
comieron y comieron
todo el día.

Los pequeños dinosaurios tenían
la cabeza y los ojos grandes.
Veían y oían muy bien.

Los bebés humanos nacen sin dientes,
¡pero las crías de dinosaurio no!
Nacían con muchos dientes.

Tiranosaurio

¿Qué comían las crías de dinosaurio?
Algunas comían hojas y otras comían
moras y semillas.

Otros dinosaurios comían animales pequeños e insectos.

Deinonicosaurio

¿Podían los pequeños dinosaurios

salir a cazar solos sin correr peligro? ¡No!

Tenían enemigos por todas partes.

Y no podían ni luchar

ni huir corriendo.

Sólo podían esconderse.

Sitacosaurio

Triceratopos

Algunas crías de dinosaurio
tenían mucha suerte.
Nunca estaban solas.
Vivían en manadas.

Pero aun así, ¡los enemigos querían
atrapar y comerse a las crías!

Por eso los dinosaurios se ponían en círculo.

Los más pequeños se quedaban en el centro.

Los más grandes se colocaban en la parte
de afuera.

Las crías estaban
a salvo en su manada.
Estos dinosaurios caminaban,
comían y dormían juntos.

Al crecer, los pequeños dinosaurios iban cambiando.

Estiracosaurio

A unos les crecían cuernos afilados.

A otros les crecían púas en la cola.

Estegosaurio

Y a otros les crecía el cráneo en forma de corona.

Protoceratopos

Las crías seguían creciendo hasta
hacerse dinosaurios adultos.
¡Algunos de ellos llegaron a ser
los animales más grandes del mundo!
Y algunos tuvieron también
sus propias crías de dinosaurio.

Desafortunadamente
por Bobbi Katz

Como hace mucho que vivieron

los dinosaurios nunca supieron

cuántos niños hubieran querido

tener un dinosaurio como amigo.

Algo enorme estuvo aquí

por Jack Prelutsky

Algo enorme estuvo aquí.

¿Qué sería? No sé decir.

No lo vi cuando venía.

No lo vi cuando se fue.

Pero ojalá nunca me encuentre

con el dueño de estos pies,

que dejan huellas de tamaño

¡novecientos cincuenta y seis!

Hablemos

¿Qué aprendiste de los dinosaurios?

¿Qué te sorprendió?

Haz un dinosaurio

Lo que necesitas:

arcilla

caja de zapatos

piedras, piñones, ramitas

papel y materiales de arte

Lo que haces:

1

Haz un dinosaurio de arcilla.

2

Haz una casa para el dinosaurio. Ponlo dentro.

3

Escribe el nombre del dinosaurio en la tapa.

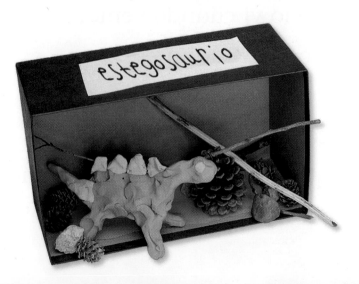

184

¿Cuántos? ¿Cuántas?

Algunas palabras que nombran números son **adjetivos**. Dicen cuántos o cuántas hay.

Este dinosaurio tiene **tres** cuernos. Hay **diez** huevos en el nido.

Habla

¿Qué sabes de los dinosaurios? Di algo sobre ellos. Usa un adjetivo que sea un número.

Escribe

Escribe sobre los dinosaurios.

Walter y Wili

por Peter Otten

ilustrado por Carlos Gaudier

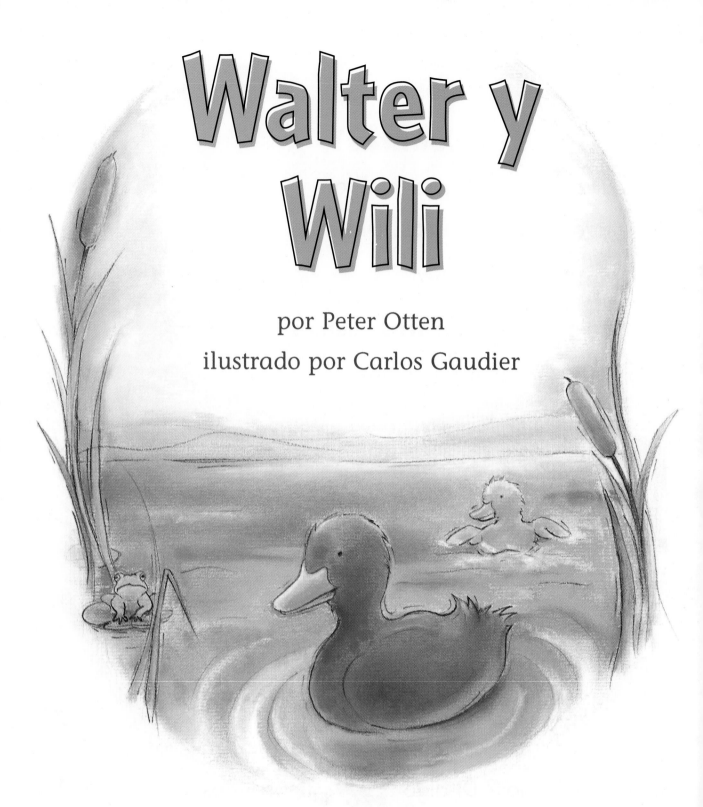

Walter es un patito de color café.

Walter sabe nadar muy bien.

El hermanito de Walter se llama Wili.

Wili es un pato chiquito. Lo malo es que

Wili no sabe nadar bien.

—Quiero nadar como tú, Walter —dijo
Wili un día—. ¿Me enseñas?

Entonces Walter y Wili fueron cerca de
unos juncos. Allí Wili podía practicar.

Walter le enseñó a su hermanito a nadar como él.

—Debes practicar un poquito más —dijo Walter.

Mientras Wili trataba de nadar, una
zorrita saltó desde los juncos. Wili vio a la
zorrita, pero Walter no.

—Vete a comer lo tuyo —le dijo Wili
a la zorrita.

—¡A mí me gusta comer patitos! —dijo
la zorrita.

Entonces, Wili empujó a Walter. Wili
nadó, nadó y nadó. Nadó muy bien.

—Gracias, hermanito —dijo Walter.

¡Bravo, Wili, bravo!

La gata más valiente

La historia verdadera de Scarlett

por Laura Driscoll

ilustrada por Fred Willingham

Brooklyn, NY, 1996

¡Fuego! ¡El edificio se quema!

Hay muchos camiones de bomberos
y muchos bomberos.

Hay un gran incendio en un garaje
viejo. Pero por suerte, nadie vive
en ese edificio.

¡Espera! ¡Mira!

¿Qué ven los bomberos?

¡Una gata!

Sale corriendo del garaje.

Lleva algo en la boca:

algo pequeño.

¡Es un gatito!

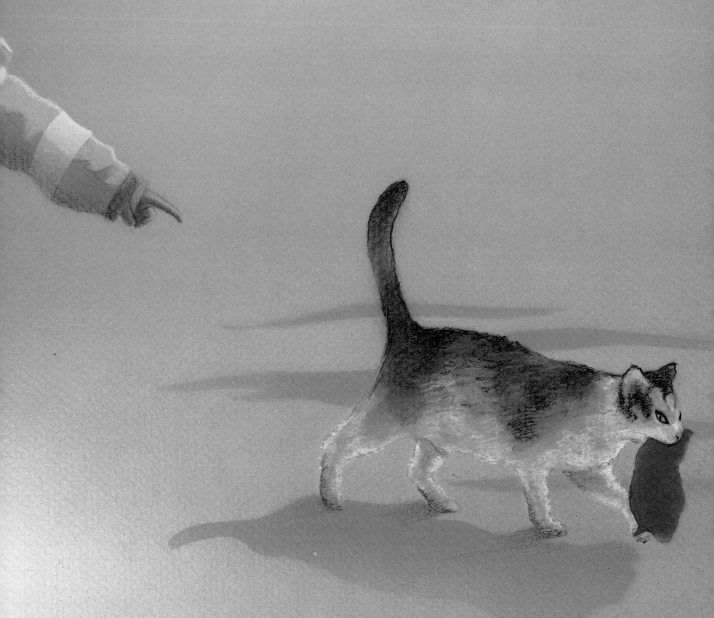

Volvió a la casa y estaba vacía. Sólo quedaba una extraña caja en un rincón. Tenía una puertecita. Como los gatos son tan curiosos, Trufo no iba a ser menos y se metió a mirar.

Entonces le cerraron la puertecita y lo cogieron como si fuera una maleta.

"¿Dónde me llevarán?", pensaba Trufo, "y además me llevan a mí solo, sin Rufo".

Empezó a maullar muy fuerte. Se le oía por todos los tejados. Algunos gatos se asomaron para ver qué pasaba y le decían:

—Adiós, Trufo; ¿dónde vas?

—No lo sé —gritaba él.

Y seguía maullando mientras bajaban la escalera y cuando iban por la calle. Trufo, que nunca había salido a la calle, no sabía qué pensar de los coches, del ruido y de las otras personas que pasaban a su lado.

Subieron a un coche y Trufo se enfadó mucho. No le gustó nada aquello, así que empezó a morder la cerradura de su jaula hasta que consiguió abrirla. Entonces salió y se quedó escondido sin moverse. ¡Cómo iba a moverse si estaba muerto de miedo!

La gata deja a su gatito
en un lugar seguro.
¡Luego regresa al edificio en llamas!
¿Por qué?

Al poco rato, la gata sale
de nuevo con otro gatito.

Entra y sale

tres veces más.

Los bomberos lo ven y no lo creen.

¡Ahora hay varios gatitos!

Son pequeñitos y tienen miedo.

Uno tiene las orejitas quemadas.

¿Y mamá gata? ¡Pobrecita!

También se ha quemado.

Tiene los ojos dañados.

No puede ver a sus gatitos.

Por eso toca a cada uno con la nariz.

Uno, dos, tres, cuatro, cinco.

Todos están a salvo.

Con mucho cuidado, un bombero
pone a todos los gatitos en una caja.
Sabe que necesitan un veterinario.
El bombero lleva a los gatitos
al hospital para animales.

Los gatos no tienen dueño.

Viven en la calle. Por eso le ponen

un nombre a la mamá.

Le ponen Scarlett, que quiere decir

Escarlata. Ése es el color rojo de sus

quemaduras.

Pronto mucha gente

oye hablar de la gata.

Los periódicos cuentan la historia.

Todos quieren verla por televisión.

Es una heroína y una estrella.

Gata salva a sus gatitos

Todos esperan que la gata sane.

Y poco a poco se mejora.

Los gatitos están en otro cuarto

para que ella pueda descansar.

Scarlett ya no los puede cuidar.

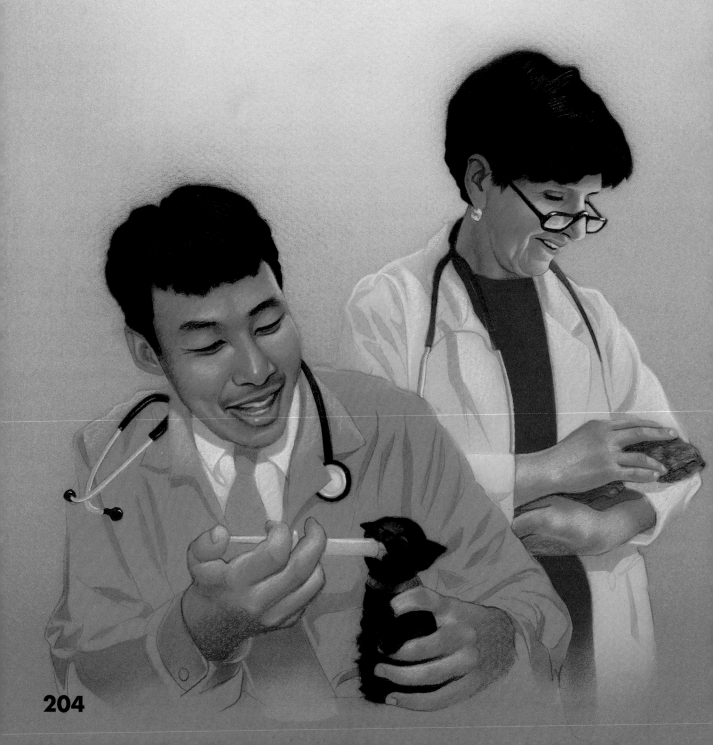

Los empleados del hospital
cuidan a los gatitos con mucho cariño.
Todos están bien, todos menos uno.
Los veterinarios creen que fue el último
en salir de las llamas.
El humo le dañó los pulmones.
Un mes más tarde se muere.

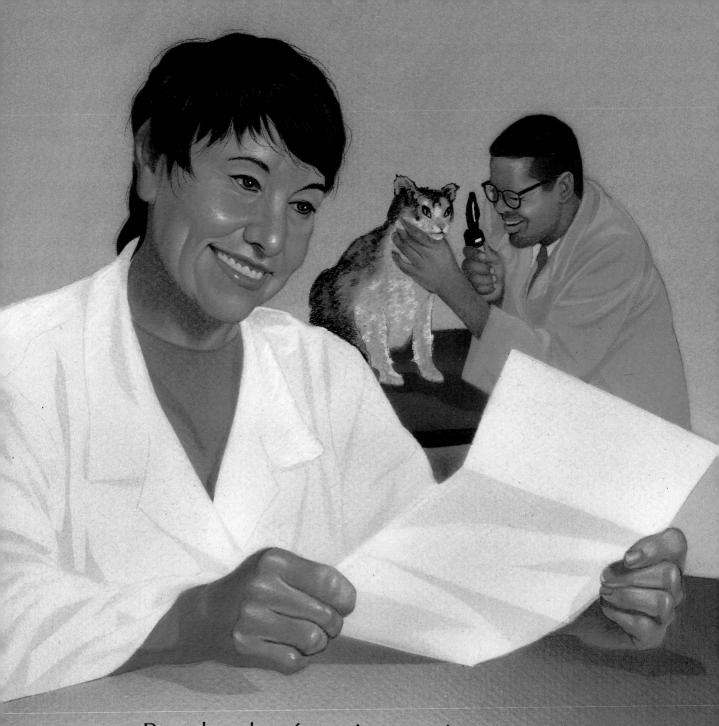

Pero los demás gatitos ya tienen
un nuevo hogar.

¿Y la gata Scarlett?

Para ella llegan cartas de todo el mundo.

Hay mucha gente que quiere darle
un buen hogar.

¡Los empleados del hospital
reciben más de 1,000 cartas!
Todos quieren el mejor hogar
para Scarlett.

Por fin, toman una decisión.
Llegan periodistas y reporteros de
televisión para oír la gran noticia.
Una señora llamada Karen Wellen
cuidará de Scarlett.

En su carta, Karen explica

su propio accidente:

un accidente de carro.

Así como Scarlett, ella tardó mucho

tiempo en mejorarse.

Sabe por lo que ha pasado Scarlett.

Karen tuvo un gato una vez.

Lo quería mucho.

Pero el gato murió justo después

de su accidente.

Karen no quería tener otro gato,

a menos que fuera uno muy especial…

¡como Scarlett!

Conozcamos al ilustrador

Fred Willingham

Para que sus dibujos parezcan reales, Fred Willingham usa fotografías cuando dibuja. A veces, él mismo toma las fotografías. Sus hijos y amigos sirven de modelos. Cuando hizo los dibujos de *La gata más valiente,* usó fotografías de gatos en distintas posiciones. Había encontrado esas fotografías en la biblioteca. Supo cómo dibujar a Scarlett porque encontró una fotografía suya.

Hablemos

Scarlett es una heroína.
¿Quién más es una heroína
o un héroe? ¿Qué hizo?

Haz un premio

Lo que necesitas:

papel de colores

creyones o marcadores

materiales de arte

Lo que haces:

Recorta las partes del premio.

Pégalas.

Escribe el nombre de tu
heroína o héroe.

214

Un animal que conozco

Los adjetivos dan detalles sobre las personas, lugares, animales y cosas. Hacen que las oraciones sean claras e interesantes.

Papá tiene un perro **especial**. Cobi tiene el pelo **negro** y la cola **larga**. Cobi ayuda a papá a caminar sin peligro. Cobi es un **buen** amigo.

Habla

Describe un animal. Di su color, su tamaño y su forma. ¿De qué otra manera puedes describirlo?

Escribe

Escribe sobre un animal. Usa adjetivos.

Leamos juntos
En los exámenes

Escoger la respuesta correcta

Las preguntas de los exámenes pueden tener tres respuestas para que escojas una. Sólo una respuesta es correcta. ¿Cómo escoges la respuesta correcta?

Un examen acerca de *La gata más valiente* podría tener esta pregunta.

1. ¿Quién dio a Scarlett un nuevo hogar después del incendio?

(A) una señora que quería tener un gato muy especial

(B) un doctor del hospital

(C) un camión de bomberos

Lee la pregunta. Busca la palabra importante. Piensa en cada respuesta. ¿Cuál es la respuesta correcta?

Así fue como una niña escogió su respuesta.

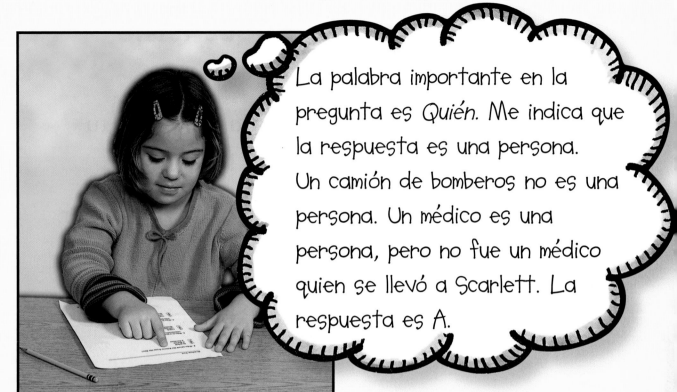

La palabra importante en la pregunta es *Quién*. Me indica que la respuesta es una persona. Un camión de bomberos no es una persona. Un médico es una persona, pero no fue un médico quien se llevó a Scarlett. La respuesta es A.

¡Inténtalo!

Usa lo que has aprendido sobre escoger la respuesta correcta para responder esta pregunta de examen.

2. ¿Dónde ocurrió el incendio que lastimó a Scarlett?

Ⓐ en un camión de bomberos

Ⓑ en un garaje

Ⓒ en una casa

Palabras de los cuentos que leíste

Aa

abuela   Tu **abuela** es la mamá de tu mamá o de tu papá.

aquí   **Aquí** quiere decir en este lugar. Siéntense **aquí**.

Bb

bien   **Bien** quiere decir de la manera correcta. El trabajo está **bien** hecho.

Cc

cosas   Maribel recogió sus **cosas**. Estoy pensando en muchas **cosas**.

crecer   **Crecer** es hacerse más grande. Mi hermano va a **crecer** mucho. Sembré la semilla y vi **crecer** la planta.

Dd

decir   **Decir** es hablar de algo. A mi papá le gusta **decir** que me parezco a él.

dentro   Un gato está **dentro** de la casa. Las tijeras están **dentro** del armario.

Ee

escribir   **Escribir** es anotar palabras. Voy a **escribir** palabras en el cuaderno.

Ff

frío   Hace **frío** en invierno.

fruta   La **fruta** es la parte de una planta o árbol que contiene las semillas. Muchas veces se come. La manzana es la **fruta** que más me gusta.

Gg

grande   **Grande** quiere decir mayor que otros en tamaño. Estados Unidos es un país **grande**.

Hh

hay   **Hay** pan en mi casa. **Hay** un árbol en el patio.

hoy   **Hoy** es este día. **Hoy** me levanté temprano.

huevo   La gallina puso un **huevo**.

Jj

jardines   En los **jardines** se cultivan flores.

Ll

libro   Leemos el **libro** en clase.

lo   No **lo** puedo creer. Se **lo** di a Jorge.

Nn

nadar   **Nadar** es moverse dentro del agua para ir de un lugar a otro. Te gusta **nadar** en la piscina.

Pp

palabras   Las **palabras** son sonidos o grupos de sonidos que dicen algo.

patito   Un **patito** es un pato pequeño.

piedra   Una **piedra** es un pedazo de roca. Es dura y pesada. Vi una **piedra** redonda en el río.

pingüino   Un **pingüino** es un pájaro que nada en el mar y no vuela. Vive en lugares fríos.

primero   Lo **primero** pasa antes que todo lo demás. **Primero** compramos los materiales.

pronto   **Pronto** quiere decir rápido, dentro de poco tiempo. **Pronto** iremos a ver a Pepe.

Ss

saber   **Saber** es conocer información. Me gusta leer para **saber** algo nuevo.

Tt

te   **Te** busca tu mamá. José **te** da palomitas de maíz.

tenían   Los niños **tenían** ganas de jugar. Ustedes **tenían** frío.

trabajo   Un **trabajo** es un esfuerzo o tarea. Mi hermana hizo bien su **trabajo**.

triste   Si alguien está **triste**, no está contento.

tuyo Lo **tuyo** te pertenece a ti. Este lápiz es **tuyo**.

Vv

visto Hemos **visto** una buena película. ¿Has **visto** a mi primo?

voltereta Una **voltereta** es una vuelta en el aire.

Manual del escritor

Contenido

Oraciones

Una **oración** es un grupo de palabras
que cuentan una idea completa.
Muchas oraciones comienzan con
letra mayúscula. Muchas oraciones
terminan con **punto** (.).
El patito nada en el lago.

Hay oraciones que cuentan algo.
Son **enunciados.** Los enunciados
empiezan con letra mayúscula y
terminan con punto (.).
La niña perdió su anillo.

Hay oraciones que buscan una
respuesta. Son **preguntas.** Las
preguntas empiezan con mayúscula
y van entre **signos de interrogación:**
uno al principio (¿) y otro al final (?).
¿Vive Jill en una granja?

Hay oraciones para mostrar sorpresa
o alegría. Son **exclamaciones.**
Las exclamaciones empiezan con
mayúscula y van entre **signos de
exclamación:** uno al principio (¡)
y otro al final (!).
¡Vamos al circo!

Cuando escribo...

Uso **enunciados**
y **preguntas.**
A veces uso
exclamaciones
y **mandatos.**

Cuando escribo...

Reviso para ver
si necesito ., ¿?
o ¡!

Hay oraciones que dan órdenes. Son **mandatos.** Los mandatos empiezan con letra mayúscula y terminan con **punto** (**.**). Pero si se dicen con mucha fuerza, se escriben entre **signos de exclamación** (**¡!**).

Ven, por favor.
¡**V**en que me quemo**!**

Partes de la oración

Las oraciones tienen dos partes. Una parte dice **quién** hace algo. Puede ser una persona, un animal o una cosa. Es la parte de la oración que **nombra.**

El ave vuela hacia su nido.

La otra parte dice **qué** hace esa persona, animal o cosa. Ésa es la **acción.**

El perro **muerde un hueso.**

Orden de las palabras

El orden de las palabras puede cambiar el significado de una oración.

El gorro tiene un gato.
El gato tiene un gorro.

Nombres

Los **nombres** son palabras para las personas, los animales o las cosas.

La **manzana** es roja y jugosa.

Nombres para uno y para más de uno

A veces se agrega una –**s** al final de un nombre.
La –**s** hace que un nombre signifique más de uno.

Los **bomberos** trabajan por el bien de todos.

A veces se agrega –**es** al final de un nombre. Se agrega –**es** a los nombre que terminan en consonante.

Los pincel**es** están en la mesa.

Escribir con nombres

En una oración, los nombres pueden decir quién hace algo. También pueden estar en la parte de la oración que dice qué es lo que hace.

parte que nombra	parte que dice la acción
La **señora** Smith	hace nuestra **cena.**

Verbos

Los **verbos** dicen lo que hace una persona, un animal o una cosa. Muchos verbos son palabras de acción.

Mi mamá **nada** en un equipo.

El final de los verbos cambia según **quién** hace algo.

Yo can**to** una canción.
Tú can**tas** una canción.
Ellos can**tan** una canción.

El final de los verbos cambia según **cuándo** pasan las cosas. Los verbos dicen lo que pasa ahora, lo que pasó antes y lo que pasará después.

Cuando escribo...

Uso verbos para decir *qué* pasa.

Ahora

Hoy co**mo** en la escuela.

Pasado

Ayer co**mí** en casa.

Futuro

Mañana co**meré** en el festival.

Los verbos ser y estar

El verbo **ser** sirve para decir algo de las personas, los animales y las cosas. Por ejemplo, la ocupación de una persona, el color de un animal o de qué está hecha una cosa.

Yo **soy** cartero.
El oso **es** negro.
La mesa **es** de madera.

El verbo **estar** dice cómo se encuentran o dónde se hallan las personas, los animales y las cosas, o cómo se sienten.

Yo **estoy** muy cansado.
La pluma **está** en la mesa.
El gato **está** contento.

Usar la palabra *no*

La palabra *no* antes del verbo cambia el significado de la oración.

Las cebras **no** comen carne.

Cuando escribo...

Uso la palabra *no* si quiero cambiar una oración.

Adjetivos

Los adjetivos son palabras que dicen algo de los nombres.

El payaso **saltarín** hizo reír a los niños.

Los adjetivos pueden decir de qué color es algo.

Cuando escribo...

Uso adjetivos para crear imágenes con palabras.

Tengo una bicicleta **azul** muy bonita.

Los adjetivos pueden decir qué forma tiene algo.

El bebé juega con una pelota **redonda**.

Los adjetivos pueden decir de qué tamaño es algo.

¿Viste al tigre **grande**?

Los adjetivos pueden decir cómo es algo.

La almohada **suave** me gusta más.

Los adjetivos pueden decir cuántos hay.

Mi hijo tiene **diez** canicas.

Pronombres

Los pronombres son palabras que pueden tomar el lugar de un nombre.

Las siguientes palabras son pronombres:

yo	él	usted	ustedes	ellos
tú	ella	nosotros	vosotros	ellas

Estos pronombres se usan en la parte de la oración que dice quién hace algo?

Tomás vive cerca de mi casa.
Él vive cerca de mi casa.

Cuando escribo...

Puedo usar un nombre en una oración y un pronombre en la siguiente. Esto hace mi composición más interesante.

Letras mayúsculas

Las personas y las mascotas tienen nombres especiales.
La primera letra de estos nombres se escribe con mayúscula.

Mi mejor amigo es **A**lex.
Me gusta jugar con mi perro **R**ey.

La primera letra de los nombres de lugares también se escribe con mayúscula.

Mi tía vive en **B**oston.

La primera letra de los días de fiesta se escribe con mayúscula.

El **Cinco de Mayo** haremos una piñata.

Cuando escribo...

Reviso para ver si necesito letras mayúsculas.

Escribir una carta

La mayoría de las cartas tienen cinco partes.
Éstas son: fecha, saludo, contenido, despedida
y firma.

Al final del saludo se escriben dos puntos (:).
Al final de la despedida se escribe coma (,).

- Lee esta carta de amistad.
- Busca las cinco partes.
- Busca los dos puntos y la coma.

Fecha	3 de mayo de 200__
Saludo	Querido Bill:
Contenido	¿Cómo estás? Espero que estés mejor. Me dio mucha tristeza cuando supe que te habías roto una pierna. Supongo que muchas personas tropiezan con su gato. Espero que ya puedas caminar bien. ¡Nos vemos pronto!
Despedida	Tu amiga,
Firma	Ellen

Escribir un sobre

Cuando terminas de escribir una carta,
la puedes enviar por correo.
Pon la carta en un sobre.
Después, sella el sobre.
Escribe tu nombre y dirección en la esquina
izquierda de arriba.
Éste es el **remite**.

Escribe el nombre y la dirección de la persona
a la que escribes, en el centro del sobre.
Éste es el **destino**.

No olvides poner una estampilla en el sobre.
Ahora, puedes enviar la carta por correo.

Remite

Ellen .Lee
2610 Union St.
Glenview, IL 60025

Destino

Bill Robins
2333 Sky Drive
Atlanta, GA 30301

Compartir un libro

Escribir un informe sobre un libro es una forma de compartir ese libro.
Tu informe debe contener las siguientes partes:

- Título
- Autor
- Unas palabras acerca del cuento
- Algo importante que pase en el cuento
- Por qué te gusta el libro, o por qué no te gusta

Otras formas de compartir un libro:

- **Haz una portada de libro**
  Haz un dibujo de la parte que te haya gustado.
  Escribe el título del libro y el autor en tu dibujo.

- **Hazte reportero**
  Hazte reportero de radio o televisión.
  Habla acerca de tu libro favorito.
  Explica por qué te gusta.

- **Haz una representación de tu libro**
  Haz títeres de los personajes de tu libro con palitos de helado.
  Con algunos amigos, representa una parte de tu libro.

Palabras evaluadas

El brillante día de Nayeli

Arturo y la carrera de lectura

aquí
cosas
decir
libro
palabras
te

Flores para abuela y Trini

Abuela

abuela
hoy
jardines
trabajo
triste
voltereta

La princesa y las peras con crema

El huerto

crecer
escribir
primero
pronto
saber

Frida y Gregorio van al museo

Fred, el pez

dentro
fruta
grande
hay
visto

Güirito y su madre

Crías de dinosaurio

frío
huevo
piedra
pingüino
tenían

Walter y Wili

La gata más valiente

bien
lo
nadar
patito
tuyo

Acknowledgments

Text

Page 18: *Arthur's Reading Race* by Marc Brown. Text and illustrations copyright © 1996 by Marc Brown. Originally published by Random House, Inc. ARTHUR Æ Marc Brown. Reprinted by permission of Rosenstone/Wender.

Page 50: *Abuela* by Arthur Dorros. Illustrated by Elisa Kleven. Text copyright © 1995 by Arthur Dorros. Illustration copyright © 1995 by Elisa Kleven. Translation copyright © 1995 by Sandra Marulanda Dorros. Reprinted by permission.

Page 96: *El huerto* by Isidro Sánchez and Carme Peris. Copyright © 1995 by Isidro Sánchez and Carme Peris. Reprinted by permission of Barron's Educational Series, Inc.

Page 117: "Huerta" by Mirta Aguirre from *Canto y cuento: Antología poética para niños* by Carlos Reviejo y Eduardo Soler. Text copyright © 1997 by Mirta Aguirre. Reprinted by permission.

Page 128: *Fred, el pez* by Ana Martín Larrañaga. Copyright © 1996 by Ana Martín Larraña. Reprinted by permission.

Page 149: "Los peces" from *Zoo-risa* by Ernesto Galarza. Text copyright © 1971 by Ernesto Galarza. Reprinted by permission.

Page 160: *Dinosaur Babies* by Lucille Recht Penner. Illustrated by Peter Barrett. Text copyright © 1991 by Lucille Recht Penner. Illustrations copyright © 1991 by Peter Barrett. Reprinted by permission of Lucille Recht Penner and Artists International, Inc.

Page 182: "Unfortunately" by Bobbi Katz. Copyright © 1976, renewed © 1995 by Bobbi Katz. Reprinted by permission of the poet.

Page 183: "Something Big Has Been Here" from SOMETHING BIG HAS BEEN HERE poems by Jack Prelutsky, pg. 7. Text copyright © 1990 by Jack Prelutsky. Reprinted by permission of Greenwillow Books, a division of William Morrow & Company, Inc.

Page 192: Abridgment of *The Bravest Cat!* By Laura Driscoll. Text copyright © 1997 by Laura Driscoll. Reprinted by permission of Grosset & Dunlap, Inc., a division of Penguin Putnam, Inc.

Artists

Maryjane Begin, cover, 8-9
Marc Brown, 18 - 41
Benton Mahan, 42, 43
Hector Viveros Lee, 44 - 49
Elisa Kleven, 50 - 84
Liisa Chauncy Guida, 85
Jennifer Thermes, 86 -87
Bari Weissman, 89
Yayo, 90 - 95
Carme Peris, 96 -116, 118
Chris L. Demarest, 117
Joan Paley, 119
Darryl Ligasan, 120 - 127
Ana Martin Larrañaga, 128 - 148, 150
Tiphanie Beeke, 149
Laura DeSantis, 151
Brian Karas, 152 -159
Peter Barrett, 160 -182
Alan Eitzen, 183
Randy Chewning, 185
Carlos Gaudier, 186 -181
Fred Willingham, 192 - 213

Photographs

Pages 10-17 Lawrence Migdale for Scott Foresman
Page 41 Courtesy Marc Brown
Page 88 Allan Penn Photography for Scott Foresman
Page 118 Allan Penn Photography for Scott Foresman
Page 150 Allan Penn Photography for Scott Foresman
Page 212 Chris Kasson/AP/Wide World
Page 213 Brent Jones for Scott Foresman